Cerfs-volants

Texte de Norma Dixon

Illustrations de Linda Hendry

Texte français de Lucie Duchesne

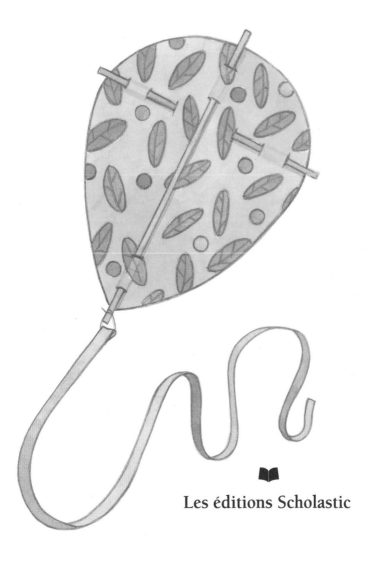

Les éditions Scholastic

Données de catalogage avant publication (Canada)

Dixon, Norma
Cerfs-volants

Traduction de:Kites.
ISBN 0-590-16664-6

1. Cerfs-volants - Conception et construction -
Ouvrages pour la jeunesse. I. Hendry, Linda.
II. Duchesne, Lucie. III. Titre.
TL759.5.D5814 1997 j629.133'32 C96-932024-8

ISBN 0-590-16664-6

Titre original : Kites

Édition publiée par Les éditions Scholastic,
123, Newkirk Road, Richmond Hill (Ontario) L4C 3G5,
avec la permission de Kids Can Press Ltd.

Conception graphique : Marie Bartholomew

Table des matières

Introduction

Pendant des siècles, les gens ont fabriqué des cerfs-volants à partir de toutes sortes de choses, comme des feuilles et de la fourrure. Aujourd'hui, nous pouvons utiliser des matériaux que nos ancêtres n'auraient jamais pu imaginer, comme des sacs à ordures ou du nylon indémaillable. Que tu te procures le matériel qu'il te faut chez toi ou dans un magasin, n'oublie jamais la règle d'or du créateur de cerfs-volants : plus il est solide et léger, mieux le cerf-volant va voler.

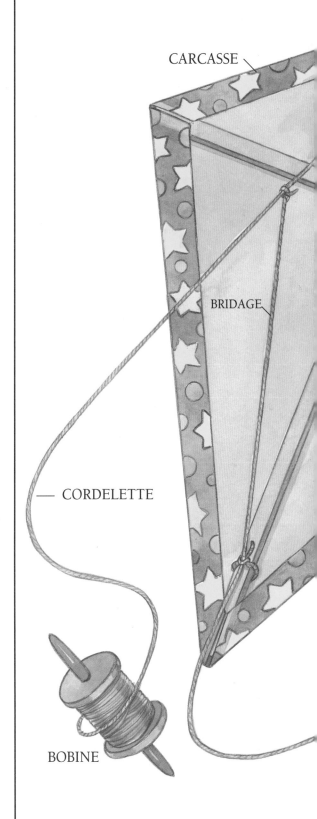

CARCASSE

BRIDAGE

CORDELETTE

BOBINE

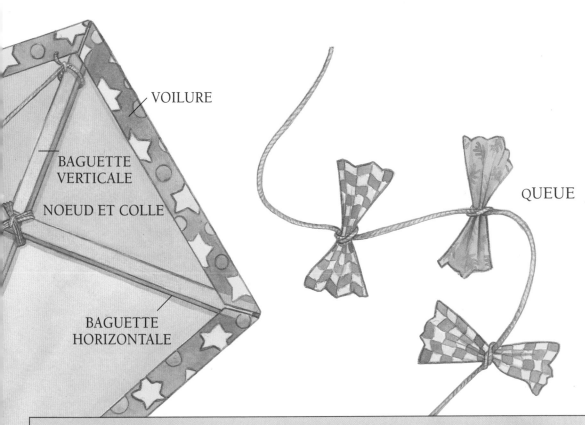

VOILURE

BAGUETTE
VERTICALE

NOEUD ET COLLE

BAGUETTE
HORIZONTALE

QUEUE

LES PARTIES DU CERF-VOLANT

BAGUETTE VERTICALE
la baguette verticale autour de laquelle tu construis ton cerf-volant.

BAGUETTE HORIZONTALE
la baguette transversale qui sera placée horizontalement par-dessus la baguette verticale. Elle est parfois courbée.

CARCASSE
les baguettes combinées, généralement avec une ficelle reliant leurs extrémités, qui donnent la forme de ton cerf-volant et servent de support à la voilure.

VOILURE
le papier, le plastique ou le tissu qui recouvre la carcasse.

BRIDAGE
une ou plusieurs brides de ficelle fixées aux baguettes, qui aident à contrôler le cerf-volant.

CORDELETTE
la ficelle qui part du bridage du cerf-volant et que tu tiens pour faire voler ton cerf-volant.

QUEUE
la longue bande de papier, de plastique ou de ruban qui aide à maintenir ton cerf-volant en équilibre dans les airs. Certains cerfs-volants n'en ont pas besoin.

BOBINE
l'instrument que tu utilises pour enrouler la cordelette et pour l'empêcher de se mêler ou de s'envoler.

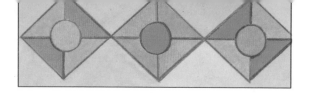

Matériel
et instructions
générales

*Pour fabriquer un cerf-volant
qui vole vraiment, il est important
d'utiliser les bons matériaux
et de suivre soigneusement
quelques instructions de base.*

*Dans ces pages, tu trouveras
les informations essentielles
à la fabrication, et tu pourras y
revenir de temps en temps
tout en créant ton cerf-volant.*

OUTILS

Demande toujours l'aide d'un adulte lorsque tu utilises un couteau ou une scie.

COUTEAU – pour pratiquer des encoches à l'extrémité des baguettes

SCIE – pour couper les baguettes

CISEAUX – assez solides et affilés pour couper du papier, du plastique ou du tissu

RUBAN ADHÉSIF – du ruban transparent pour les cerfs-volants en papier ou en plastique, ou du ruban de tissu encollé pour les cerfs-volants en tissu

COLLE – de la colle blanche de bonne qualité et à l'épreuve de l'eau, pour renforcer les nœuds et les fixer au cadre

PELOTE DE FIL OU DE FICELLE SOLIDE – pour la cordelette et les brides, pour fixer les baguettes au cadre et pour faire la carcasse

AIGUILLES ET ÉPINGLES – pour coudre les brides ou coudre quelques points sur un cerf-volant

VOILURE

Pour fabriquer la voilure d'un cerf-volant, tu peux utiliser du papier journal, du papier brun, du papier de soie et du papier crépon. Lorsque tu utilises du papier, renforce les coins avec du ruban adhésif — et ne le fais pas voler sous la pluie!

Les sacs à ordures en plastique, les sacs d'épicerie et les tissus plastifiés légers font de bonnes voilures à l'épreuve de l'eau. Des tissus comme la soie et le nylon indémaillable donnent les voilures qui durent le plus longtemps.

Pour la plupart des cerfs-volants, tu devras tailler une voilure d'au moins 2 cm plus grande que la carcasse. Tu pourras alors rabattre un ourlet par-dessus la carcasse. Après avoir couvert la carcasse, tu peux renforcer ta voilure avec du ruban adhésif aux endroits où elle est repliée par-dessus l'extrémité d'une baguette.

BAGUETTES

Du bois léger, comme du bambou, du goujon et même des branchettes, peut être utilisé pour les baguettes. Assure-toi qu'elles sont toutes de la même épaisseur, sinon ton cerf-volant volera de travers ou ne volera pas du tout.

Les baguettes de fibre de verre sont flexibles, solides et légères (on en trouve dans les magasins d'artisanat, dans les quincailleries ou dans les magasins spécialisés pour les cerfs-volants). Demande toujours à un adulte de les scier ou de les couper pour toi. La poussière invisible qui se dégage lors du sciage est dangereuse pour la respiration et peut causer des éruptions.

Pratique une encoche en V de 5 mm de profondeur à l'extrémité de chaque baguette. Il est plus facile de le faire si les baguettes sont fixées dans un étau ou un serre-joint. Demande l'aide d'un adulte pour couper ou scier.

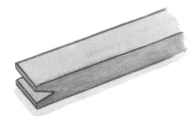

Colle les baguettes en place, ou demande à quelqu'un de les maintenir en place. Ensuite, fixe-les avec de la ficelle et recouvre la ficelle de colle.

CARCASSE ET BRIDES

Pour faire la carcasse de ton cerf-volant, noue de la ficelle à une extrémité d'une baguette horizontale pour la fixer et fais courir la ficelle autour de l'armature dans les encoches des baguettes. Ensuite, défais le premier nœud et noue ensemble les deux extrémités de la ficelle de la carcasse. Assure-toi que la ficelle est tendue mais pas trop.

BRIDES

La bride est une ficelle environ trois fois plus longue que ton cerf-volant. Pour la plupart des cerfs-volants, noue la bride aux deux extrémités de la baguette verticale ou à celles de la baguette horizontale. Noue la cordelette au centre de la bride. Tu trouveras des instructions spéciales pour les cerfs-volants qui ont plus d'une bride.

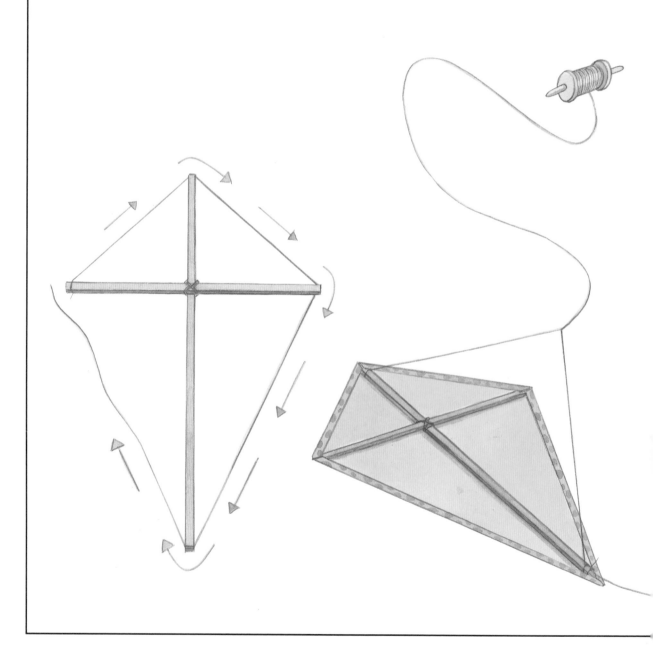

QUEUES

La queue du cerf-volant est un bout de ficelle mesurant 1 fois et demie la longueur de la baguette verticale cerf-volant. Fabrique des boucles pour la queue en nouant du fil autour du centre de petites bandes de papier crépon, de ruban, de tissu, etc. Noue ensuite la ficelle de la queue autour de chaque boucle terminée; si tu fixes les boucles à la queue, elles glisseront toutes ensemble jusqu'au bas. Noue solidement la queue à l'extrémité inférieure de la baguette verticale.

Tu devras peut-être faire quelques expériences pour trouver la queue de la bonne longueur, selon la façon dont ton cerf-volant vole.

POMPONS

Au lieu d'une queue, certains cerfs-volants ont des pompons. Prends deux ou trois bouts de ruban ou bandes de papier d'environ 60 cm de long et de 1 cm de large. Noue-les ensemble au centre. Noue-les ensuite à l'extrémité inférieure de la baguette verticale ou aux extrémités des baguettes horizontales les plus basses du cerf-volant.

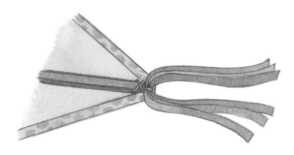

BOBINES

La bobine la plus simple est un morceau de bois ou de carton épais avec une encoche à chaque extrémité.

Tu peux aussi utiliser une canette vide. Fais un trou sur le dessus et le dessous et fais passer un bâton à l'intérieur. Noue ta ficelle au bâton, puis enroule-la autour de la canette.

N'utilise pas de pelotes de ficelle, car elles font se défaire si tu les laisses tomber.

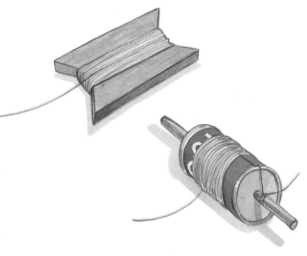

Les décorations

Tu peux décorer la voilure du cerf-volant avant de la fixer à la carcasse ou après. Si tu veux, tu peux faire un vol d'essai avec ton cerf-volant pour t'assurer qu'il vole bien avant d'ajouter des décorations.

Les motifs avec deux ou trois couleurs vives contrastantes donnent le meilleur effet lorsque le cerf-volant est dans les airs.

Les crayons-feutres indélébiles sont commodes parce qu'ils ne se délayeront pas si le cerf-volant atterrit dans l'herbe mouillée. La peinture donne aussi un bon effet.

Pour mettre un peu de couleur, tu peux coller sur le cerf-volant des motifs découpés. Assure-toi que les découpages n'ajoutent pas trop de poids.

Voici quelques idées de décorations, mais n'hésite pas à laisser libre cours à ton imagination.

AUTRES IDÉES AMUSANTES

Noue un bout de ficelle à l'extrémité d'une baguette. Tends-la et noue-la à l'autre extrémité. Sur le sens de la longueur, plie un rectangle de papier par-dessus la ficelle et colle-le en place. Pratique des fentes sur le côté libre, un peu comme un peigne. Lorsque le vent agitera les dents du «peigne», tu entendras une espèce de murmure.

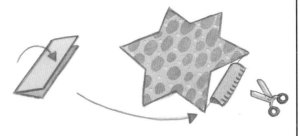

Organise une course avec un ami. Découpe un cercle de papier du diamètre d'une soucoupe. Fais une fente à partir du centre jusqu'au bord. Lorsque tu fais voler ton cerf-volant, insère le cercle de papier sur la ficelle, le plus haut possible. Agite la ficelle de haut en bas jusqu'à ce que le vent atteigne le papier et le fasse monter le long de la ficelle. Qui va gagner?

Fais voler ton cerf-volant lorsqu'il fait noir. Avec du ruban adhésif, fixe une mini-lampe de poche là où se croisent la baguette verticale et la baguette horizontale inférieure. Allume-la et lance ton cerf-volant. Il disparaîtra, mais la lumière apparaîtra par intermittence. Assure-toi de bien connaître la région lorsque tu fais voler ton cerf-volant le soir, pour ne pas rencontrer d'obstacle. Sois toujours accompagné d'un adulte.

Cerf-volant classique

Quand on pense aux cerfs-volants, on imagine généralement cette version classique. Comme c'est l'un des plus faciles à réaliser, c'est une bonne idée de commencer par celui-ci.

IL TE FAUT :

une baguette verticale
de 95 cm de long
une baguette horizontale
de 85 cm de long
un couteau
de la ficelle
de la colle
du papier, du plastique ou du tissu,
pour la voilure
ciseaux
des matériaux pour faire la queue

1 Pratique une encoche à chaque extrémité des baguettes que tu utiliseras.

2 Place la baguette horizontale par-dessus la verticale à environ 25 cm du haut de la verticale. Fixe-les solidement avec de la ficelle à l'endroit où elles se croisent. Couvre la ficelle de colle.

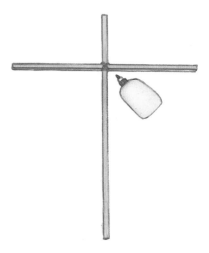

3 Fais courir de la ficelle autour de toutes les encoches des baguettes. Noue les deux extrémités pour former la carcasse. Assure-toi que la corde est tendue.

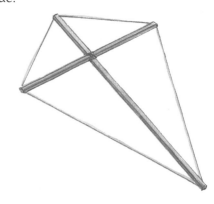

4 Place la carcasse sur le matériau de la voilure. Trace le contour du cerf-volant en laissant une marge de 3 cm tout le tour. Découpe la forme.

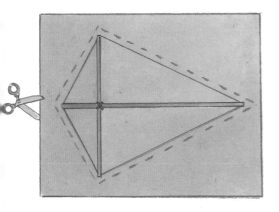

7 Noue une bride de ficelle d'environ 3 m de long au haut et au bas de la baguette verticale. Noue ta cordelette à environ un tiers du haut de la bride.

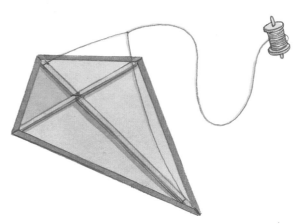

5 Taille les coins de la voilure, tel qu'indiqué. Plie les marges par-dessus la ficelle de la carcasse.

8 Fabrique une queue mesurant 1 fois et demie la longueur de la baguette verticale. Pour ce cerf-volant, elle mesurera environ 140 cm (voir la page 9 pour obtenir des trucs).

6 Déplie les marges, étale de la colle et replie les marges par-dessus la ficelle.

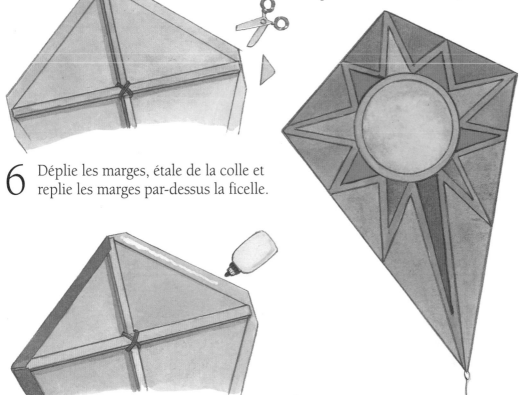

Mini-cerf-volant

L'un des plus petits cerfs-volants,
c'est le préféré des enfants
des Bermudes.

IL TE FAUT :

un rectangle de papier brouillon
de 13 cm sur 15 cm

un rectangle de papier brun,
de papier d'emballage ou
un sac de papier
de 13 cm sur 15 cm

des ciseaux

une règle

2 baguettes minces, l'une de 13 cm et
l'autre de 15 cm de long,
comme des bâtonnets de plastique,
des brochettes de bambou
ou des branchettes

du fil

une bande de papier crépon,
de papier de soie ou
de ruban léger d'environ
2 m de long et de 1,5 cm de large

1 Plie le papier brouillon en deux. Dessine la moitié de la forme du cerf-volant à partir du bas du pli jusqu'au haut, comme si tu dessinais un cœur, mais sans l'échancrure en haut. Découpe la forme de ton cerf-volant et déplie-la.

2 Reproduis la forme sur un autre papier et découpe-la.

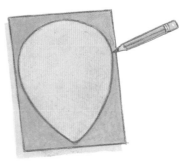

3 Perce dix trous avec la pointe des ciseaux (ou avec un poinçon, si tu en as un) dans le papier, tel qu'indiqué.

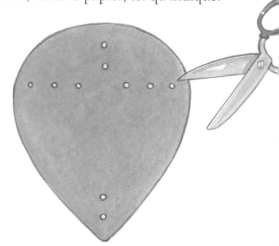

4 Fais délicatement passer les deux baguettes par les trous, tel qu'illustré.

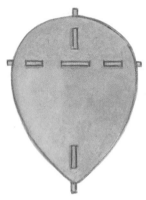

5 Coupe un bout de fil d'environ 25 cm pour la bride. Fixe-le à la baguette verticale.

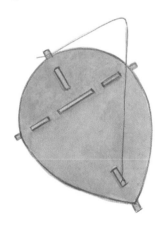

6 Noue une petite boucle de fil à environ 10 cm à partir du haut du cerf-volant.

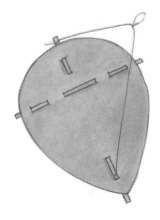

7 Noue une autre boucle de fil au bas de la baguette verticale. Fixes-y la queue de 2 m avec du ruban adhésif ou du fil.

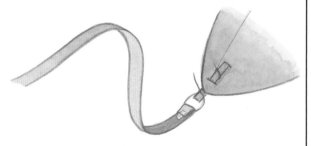

8 Attache ta cordelette à la boucle de la bride. Ton cerf-volant est prêt.

15

Serpent

---

*Au début, on aimait beaucoup
ce serpent volant parce que non
seulement il est magnifique,
mais très facile à réaliser.
Donne-lui un aspect terrifiant!*

IL TE FAUT :

une baguette verticale
de 50 cm de long

2 baguettes horizontales
de 35 cm de long

un couteau

de la colle

de la ficelle

des ciseaux

du papier crépon

du ruban adhésif

de la gouache ou
des crayons-feutres

1 Pratique des coches aux extrémités des baguettes (voir la page 7).

2 Noue et colle une baguette horizontale au bas de la verticale et l'autre à 10 cm à partir du haut de la verticale.

3 Noue une ficelle à une extrémité de la baguette horizontale inférieure et fais-la passer tout autour des autres extrémités. Noue-la à l'autre bout.

4 Découpe une feuille de papier brun de 3 cm de plus grand que la carcasse. Place la pointe du papier en haut et dessine la face du serpent.

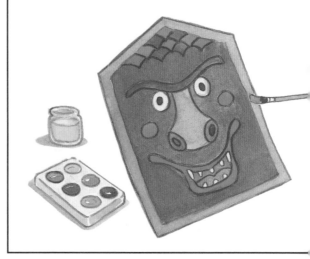

5 Taille les coins tel qu'indiqué. Étale de la colle sur les marges de 3 cm et replie-les par-dessus la ficelle. Fais une encoche dans la marge inférieure pour qu'elle s'ajuste au bout de la baguette.

8 Fixe au cerf-volant une bride de 160 cm de long, tel qu'indiqué.

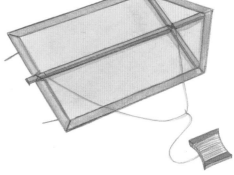

9 Noue ta cordelette à environ le tiers du début de la bride.

6 Fabrique une queue avec un grand morceau de papier crépon de 8 m de long. (Si tu dois coller deux ou trois morceaux ensemble, renforce les points de rencontre avec du ruban adhésif.)

7 Taille la queue pour qu'elle ait 20 cm de large en haut et diminue de largeur pour se terminer par une pointe. Décore-la avec des écailles et des zigzags; fixe-la au bas du cerf-volant avec de la colle ou du ruban adhésif.

Cerf-volant hexagonal

Il te faudra un peu plus de travail pour réaliser ce cerf-volant populaire, mais l'effet est surprenant. Pour la voilure, choisis du papier ou du plastique de couleurs vives.

IL TE FAUT :

3 baguettes de 70 cm de long
un couteau
de la ficelle
de la colle
du papier ou du plastique,
pour la voilure
des ciseaux
des bandes étroites de ruban
ou de papier

1 Fais une petite coche à l'extrémité de chaque baguette.

2 Croise les trois baguettes l'une par-dessus l'autre et fixe-les entourant de ficelle le point de rencontre. Ajuste-les pour que les extrémités soient situées à distance égale. Mets de la colle sur la ficelle.

3 Fais passer une ficelle tout le tour des bouts des baguettes; tire sur la ficelle et noues-en les deux extrémités.

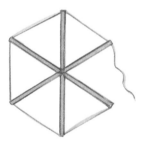

4 Place la carcasse sur la voilure et traces-en le contour en ajoutant une marge de 3 cm tout le tour. Découpe la forme.

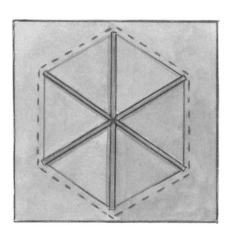

5 Taille les coins de la voilure tel qu'indiqué. Plie les marges par-dessus le cadre et colle-les.

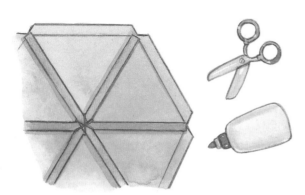

6 Coupe une bride de 105 cm de long et fixe-la au centre du cerf-volant. Coupe deux autres brides d'environ 35 cm de long et noue-les au haut du cerf-volant.

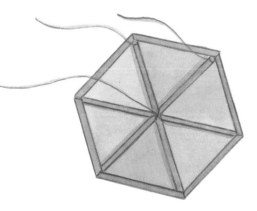

7 Noue ensemble les extrémités de chacune des trois brides et noue ta cordelette à ce point de rencontre.

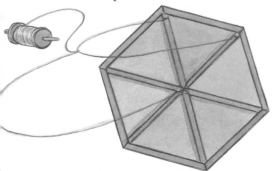

8 Noue les queues au bas du cerf-volant.

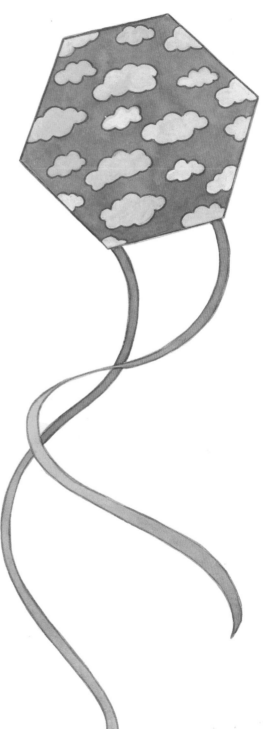

Poisson volant

Tu peux faire voler ce poisson

comme un cerf-volant

ou le fixer à un bâton

et t'en servir comme manche

à air.

IL TE FAUT :

du papier brun
ou du papier fort

des ciseaux

de la gouache ou
des crayons-feutres indélébiles

de la colle

du fil de métal fin, facile à plier

du ruban adhésif

des rondelles auto-adhésives
pour renforcer les feuilles mobiles

de la ficelle

1 Dessine la forme d'un poisson d'au moins 1 m de long sur une grande feuille de papier. Donne-lui une grande gueule ouverte. Découpe le poisson.

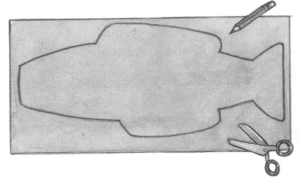

2 Reproduis la forme du poisson sur une autre feuille de papier et découpe-la. Décore ton poisson.

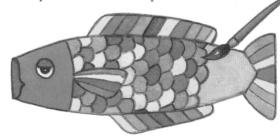

3 Étale de la colle tout le long du dos et du ventre de l'envers de chaque poisson. Ne mets pas de colle sur la gueule et sur la queue : elles doivent rester ouvertes pour que le vent circule à l'intérieur. Colle les deux moitiés ensemble.

4 Ouvre la gueule en cercle. Prends un bout de fil de métal et donne-lui la forme d'un cercle de la grandeur de la gueule.

5 Insère le cercle de métal dans la gueule et fixe-le avec du ruban adhésif.

6 Fais un trou de chaque côté de la gueule et renforce-les avec des rondelles auto-adhésives (avec un cercle taillé dans du ruban adhésif).

7 Noue une bride d'environ 50 cm de long à chaque trou.

8 Pour un cerf-volant, noue une cordelette au milieu de la bride.

9 Pour une manche à air à installer dans ta cour ou sur ton balcon, noue un bout de ficelle d'environ 20 cm de long à la bride et fixe la ficelle à un piquet.

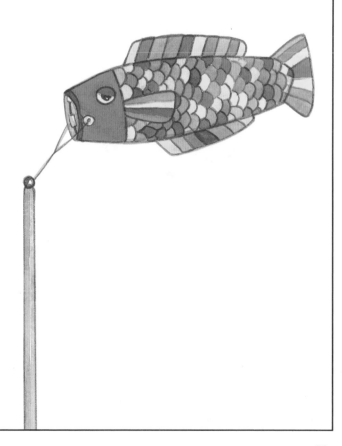

Oiseau d'Amérique du Sud

Un superbe cerf-volant,

qui vole comme un oiseau.

Essaie de le décorer

avec des motifs de plumes.

IL TE FAUT :

une baguette verticale
de 55 cm de long

une baguette horizontale
de 130 cm de long

un couteau

de la ficelle

du papier journal
ou du papier brouillon

des ciseaux

du tissu

des épingles

une aiguille et du fil

1 Fais une encoche aux extrémités des deux baguettes. Joins la baguette verticale à l'horizontale à 15 cm du haut de la verticale; consolide le point de rencontre avec de la ficelle entrecroisée et de la colle.

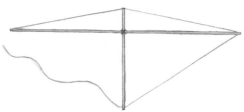

2 Noue de la ficelle à une extrémité de la baguette horizontale et fais-la passer par les encoches des baguettes. Noue les deux extrémités de la ficelle.

3 Place ton cadre sur du papier brouillon. Dessine la forme d'un oiseau dont la pointe des ailes touche chaque bout de la baguette horizontale. Dessine la tête de l'oiseau au haut de la verticale et la queue, à l'autre bout.

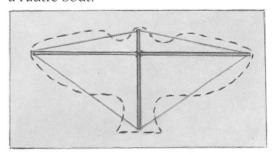

4 À la pointe de chaque aile, dessine un rabat carré d'environ 3 cm de côté. Dessines-en un autre au-dessus de la tête et un autre au-dessous de la queue.

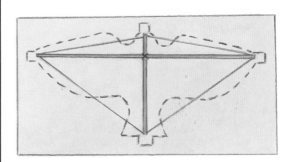

5 Découpe la forme, sans oublier les rabats.

6 Épingle ton patron sur la voilure de tissu et découpe la forme.

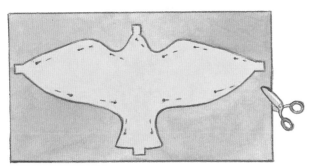

7 Place le cadre sur la voilure. Replie les quatre rabats et épingle les côtés de chacun pour former une pochette où insérer les extrémités des deux baguettes.

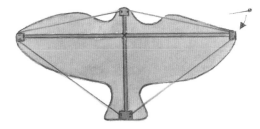

8 Couds seulement les côtés de chacune des pochettes. Ce sont les seuls endroits où la voilure est fixée au cadre.

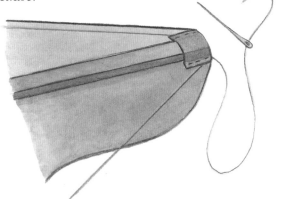

9 Fabrique une bride quadruple : coupe un bout de ficelle de 136 cm, puis coupe-le en deux. Noue une extrémité de chaque bout à la baguette horizontale, environ à mi-distance de la pointe d'une aile et de la baguette verticale.

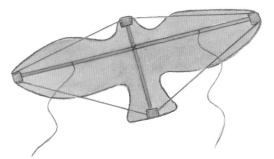

10 Coupe un autre bout de ficelle de 136 cm de long, puis coupes-en une de 63 cm de long. Couds-la au-dessus de la pochette de la tête. Couds le bout de ficelle qui reste sur le dessus de la pochette de la queue.

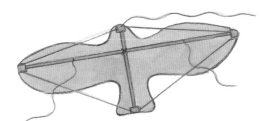

11 Noue ensemble les extrémités des quatre brides. Noue ta cordelette au point de rencontre des brides.

Cerf-volant souple

La forme de ce cerf-volant est formée de ficelles, ce qui lui donne un peu la forme d'un parachute.

1 Colle des morceaux de 2,5 cm de ruban adhésif sur la feuille de plastique aux points 1, 2, 3 et 4. Si ta feuille est très mince, colles-en des deux côtés.

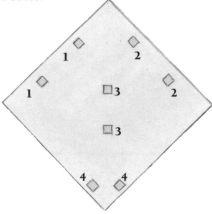

2 Coupe trois bouts de ficelle de 30 cm de long chacun.

3 Enfile un bout de ficelle dans l'aiguille. Fais passer l'aiguille dans l'un des carrés n° 1 et fais un nœud. Recommence dans l'autre carré n° 1 et fais un nœud.

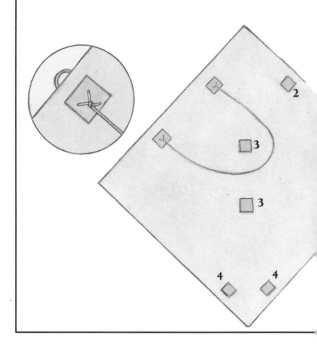

4 Fais passer la deuxième ficelle de la même façon par les points 2 et la troisième ficelle par les points 3. Tu as maintenant trois brides.

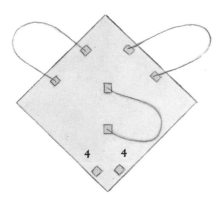

5 Coupe un bout de ficelle de 15 cm. Fais-le passer par les deux trous 4 pour former une boucle. Noue les extrémités, puis fixe la queue au centre de la boucle.

6 Noue les trois brides au centre des boucles qu'elles forment, puis noue la cordelette au point de rencontre.

PETIT TRUC
Pour lancer ce cerf-volant, tiens-le par la bride jusqu'à ce qu'il prenne le vent et donne-lui de 1 à 2 mètres de cordelette. Au fur et à mesure qu'il s'élève, donne-lui plus de corde.

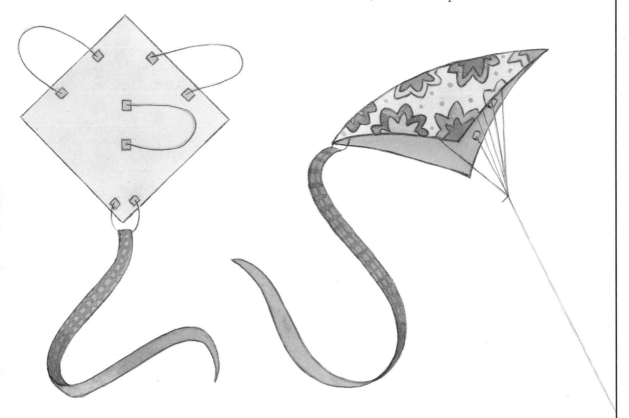

La luge

Les cerfs-volants existent depuis des milliers d'années. Celui-ci a été inventé pendant les années 1950, ce qui en fait l'un des plus récents.

1 Mesure 25 cm de chaque côté des deux coins du haut du rectangle. Coupe les coins. Mesure 25 cm à partir de chaque extrémité du bas et coupe en rejoignant les pointes du haut, tel qu'illustré.

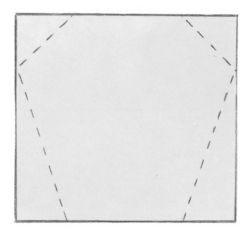

2 Taille un triangle à environ 15 cm du bas, au centre de la feuille. La base du triangle doit mesurer 20 cm.

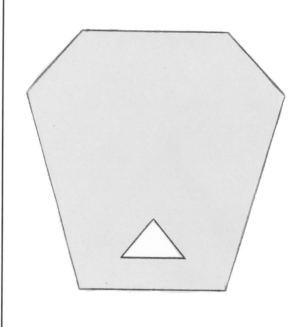

3 Avec du ruban adhésif, fixe les baguettes tel qu'indiqué.

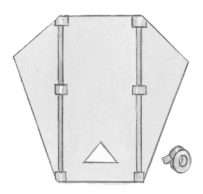

4 Coupe 2 carrés de ruban adhésif et colle-les sur les coins des côtés, tel qu'indiqué. Cela renforcera les endroits où tu fixeras la bride.

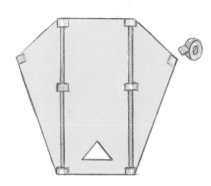

5 Coupe une bride de 1,5 m. Enfile-la dans l'aiguille et fais-la passer par les deux coins renforcés. Fais un nœud à chaque extrémité.

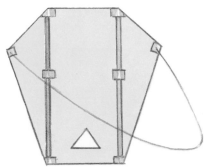

6 Noue la cordelette au milieu de la bride.

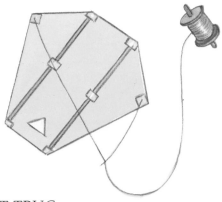

PETIT TRUC

Ce cerf-volant vole bien mais peut être difficile à lancer. Donne-lui de la corde lentement. Si tu vas trop vite, le cerf-volant peut se replier. Assure-toi que la bride est de la bonne longueur (1,5 m). Si elle est plus courte ou plus longue, le cerf-volant pourrait tomber.

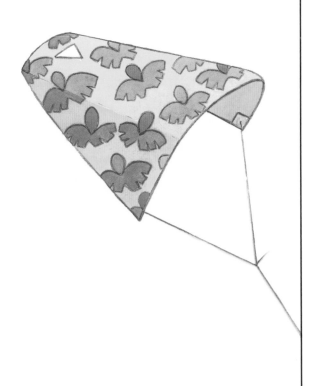

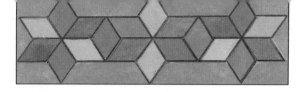

Étoile filante

Pour obtenir un effet impressionnant, prends une voilure de couleurs vives ou de couleurs fluo.

IL TE FAUT :

une baguette verticale
de 1 m de long

2 baguettes horizontales
de 85 cm de long

un couteau

de la ficelle

de la colle

des ciseaux

une voilure de 103 cm sur 90 cm

du ruban adhésif

une aiguille et du fil solide

du ruban, du papier crépon
ou des rubans de papier
métallique

1 Fais des encoches aux extrémités des baguettes.

2 Fixe les baguettes ensemble avec de la ficelle et de la colle, tel qu'indiqué; les baguettes horizontales doivent être à 25 cm des extrémités de la verticale.

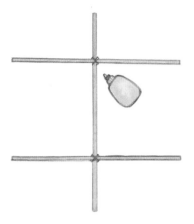

3 Noue une ficelle à une extrémité d'une baguette horizontale et fais-la passer par l'extrémité la plus éloignée de la verticale. Ramène la ficelle par l'autre extrémité de la baguette horizontale pour obtenir un triangle.

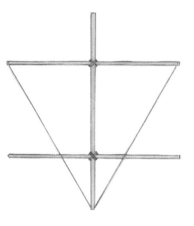

4 Noue la ficelle à la baguette horizontale. Coupe le bout de ficelle restant à environ 1 cm du nœud.

5 Fixe une autre ficelle à l'autre baguette horizontale et forme un autre triangle.

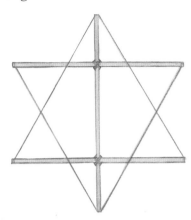

6 Place la carcasse sur la voilure et traces-en le contour en laissant une marge de 3 cm tout le tour.

7 Coupe les coins tel qu'indiqué. Replie la marge de 3 cm par-dessus les ficelles.

8 Colle les marges. Renforce chaque coin avec un triangle de ruban adhésif.

9 Noue une bride de 3 m à la carcasse, tel qu'indiqué. Noue la cordelette au milieu de la bride.

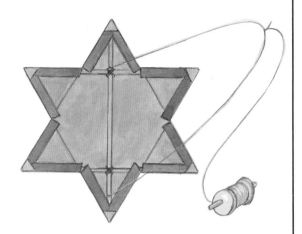

10 Fixe trois queues aux extrémités inférieures de l'étoile, à l'aide d'une aiguille et de fil solide. Essaie de percer la voilure seulement deux fois dans chaque coin renforcé. Tu peux ajouter des guirlandes ou des rubans métalliques aux queues.

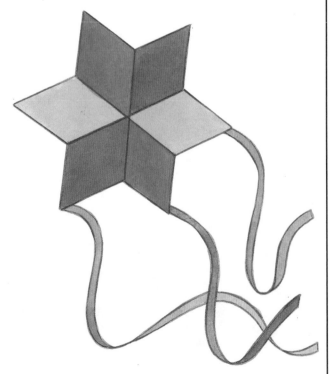

Comment lancer
ton cerf-volant

1. Tiens-toi dos au vent et déroule environ 5 m de la cordelette.

2. Tiens le cerf-volant par son coin le plus bas. S'il a une queue, fais-la passer derrière toi.

3. S'il y a une brise stable, pousse le cerf-volant vers le haut et recule de quelques pas.

4. Lorsque le cerf-volant commence à s'élever, laisse filer les 5 m de cordelette que tu avais déroulée.

5. Tiens solidement la cordelette. Déroule-la par petites saccades pour faire monter le cerf-volant.

6. S'il n'y a pas assez de vent, cours sur une petite distance pour faire monter le cerf-volant.

7. Si le vent est fort et que ton cerf-volant ne décolle toujours pas, essaie d'ajuster la longueur de la bride ou de la queue.

IL A DÉCOLLÉ

Déroule la cordelette lentement. Assure-toi que le cerf-volant monte chaque fois que tu donnes de la corde, sinon il descendra.

Si la cordelette de ton cerf-volant s'emmêle dans celle d'un autre, marche vers la personne qui tient l'autre cerf-volant. On peut séparer les cerfs-volants en échangeant les bobines ou en marchant l'un autour de l'autre.

Regarde ton cerf-volant voler, mais fais attention où tu mets les pieds!

L'ATTERRISSAGE

Si le vent est léger, rembobine la cordelette en marchant vers ton cerf-volant. Lorsqu'il est à environ 15 m de toi, laisse du mou à la cordelette. Le cerf-volant va voleter jusqu'au sol.

Si le vent est fort, tu peux rembobiner jusqu'au bout sans que le cerf-volant touche le sol.

S'il touche le sol, va le chercher. Si tu le tires par la cordelette, il pourrait se briser.

LA MÉTÉO

Un vent faible est idéal. S'il est trop fort, tu auras de la difficulté à maîtriser ton cerf-volant.

Ne fais pas voler ton cerf-volant par temps très venteux, parce qu'il pourra être emporté ou déchiré.

L'endroit idéal pour faire voler un cerf-volant est une plage ou un endroit dégagé près d'un grand plan d'eau.

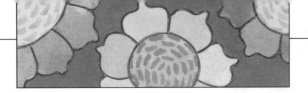

Règles de sécurité

Si un orage éclate, ramène immédiatement ton cerf-volant au sol. Ne fais jamais voler ton cerf-volant si la journée est orageuse.

Reste loin des fils électriques. Si ton cerf-volant s'emmêle autour d'un fil électrique, appelle la compagnie d'électricité et n'essaie surtout pas de le décrocher.

Ne fais jamais voler ton cerf-volant près d'une rue passante ou près d'une voie ferrée.

N'utilise jamais de métal pour ton cerf-volant ou la cordelette.

Avant de lancer ton cerf-volant, examine l'endroit où tu te trouves. Assure-toi que c'est un terrain plat et qu'il n'y a pas d'obstacle.

Ne fais pas voler ton cerf-volant près d'une foule, parce que s'il tombe, les gens pourraient s'empêtrer dans la cordelette.

Ne fais pas voler ton cerf-volant trop près des arbres, il pourrait s'emmêler ou se déchirer.

Porte des gants, surtout si le vent est fort. La tension de la cordelette peut être assez grande pour te «scier» la chair des mains.

Recherche toujours un espace dégagé et sans danger, comme une plage, un terrain de jeu ou un champ.

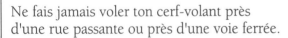